Recueille moi

Jean-François JABAUDON

Recueille moi

© 2013, Jean-François Jabaudon
Edition : BoD - Books on Demand
12/14 rond-point des Champs Elysées, 75008 Paris
Imprimé par Books on Demand GmbH,
Norderstedt, Allemagne
ISBN : 9782322031634
Dépôt légal : Juillet 2013

L'école des livres

Dans un p'tit panier à bouquins
A l'école de littérature
Chaque matin l'institutrice
Rangeait ses livres deux par deux

Dans la grande bibliothèque
Elle faisait une toilette
Aux ouvrages analphabètes
En passant la brosse à reliure

La cloche se mettait à sonner
Les premiers conteurs pénétraient
Dans la librairie de quartier
Pour y chercher tous ses secrets

Et puis l'heure des cours commençait
Les lecteurs au salon de thé
Ouvraient tous leurs livres de classe
Pour y puiser quelques pensées

Leurs yeux parcouraient chaque ligne
Et rendaient tous les romans heureux
Toutes les lettres de l'alphabet
Soudain se mettaient à danser

Les livres pourtant illettrés
D'un coup se mettaient à penser
Ils se dessinaient des visages
De paysages en personnages

Si vous souhaitez rêver un peu
Entrez dans cet endroit hors d'âge
Les livres ont tous appris à lire
Ils vous racontent leurs histoires.

L'ankylosé

Je garde la tête froide et je glace mon regard
Je garde la tête roide les yeux dans le miroir
Que réfléchissent les autres à travers mon histoire
Maintenant pour toujours je suis un père peinard

Je bouge les pupilles qui tournent comme des billes
Les larmes sous les paupières rigolent de voir les filles
Et j'ai le coeur qui bat sans sourciller des yeux
Quand leurs jupons s'envolent en étoiles qui scintillent

Refrain:

Ankylosé d'éternité
Je vis au fond de mes pensées
Ankylosé c'est un métier
Qui occupe pendant des années

Je crie tous les matins pour que vienne le soir
Je chante chaque jour pour chaque nuit d'espoir
J'pédale dans la lumière et freine dans le noir
Mon esprit sur le lac s'envole comme l'aigle noir

Je roule dans mon fauteuil sur le petit plateau
Je gravis les montagnes je suis bien tout là-haut
Je descend du nuage sur mes rêves en traineau
Le vent sur mon visage le bonheur en halo.

à Jean-Christophe, l'ankylosé

Une vie

"Qu'est ce que je porte qui produit cette musique
Qui tourne sur elle-même
Et qui a du mal à s'élever vers la légèreté?"

Cette ronde qui m'aspire vers une gravité
Dont l'esprit prisonnier
Refuse les tornades qui dévastent les couloirs du temps

Je suis dans le présent et l'avenir tarde
A tracer un destin
Au-delà de cette sensation d'incertitude fragile

Je suis comme un navire qui tangue autour d'une ancre
Rompre enfin les amarres
Le doux roulis des présages m'entraine en des rêves de rivage

Quand je m'éveillerai il sera bien trop tard
J'aurai tout oublié
Réalité et certitude auront convolé en noces

Je rêverai de cette musique endiablée
Qui me prêta fortune
Et me fit danser à perdre pied de la réalité

Au grand bal de ma vie les musiques de mon coeur
Dansent à tâtons
Les ritournelles lourdes et et légèrent qui rythment en bémols et dièses

Ma vie...

Mon AVC

Je ne parle plus qu'à demi-mots
Des syllabes dans mon chapeau
Me tournent autour de la tête
Ma chanson muette de paroles
Mes pensées meurent sur mes lèvres
Aucun son ne sort de ma voix

Mon alphabet est sourd muet
Il a perdu
Son ABC
Depuis qu'j'ai fait
Mon AVC

Je ne vois que les yeux mi-clos
Mes clins d'oeil sont écarquillés
L'horizon n'a plus ses rougeurs
Mes larmes coulent dans tes mirettes
Et se noient en me voyant rire
Je suis au soleil de minuit

Mon champ de vision est en friche
Il végète
En jachère
Depuis qu'j'ai fait
Mon AVC

Mais il nous reste encore un coeur
Pour battre en pouls tout notre amour
Quand du licence et du trou noir
Notre symbiose nous éclaire
Tu es ma moitié d'AVC
Nous sommes devenus jumeaux

Deux nous sommes deux
Depuis qu'j'ai fait
Mon AVC
Depuis qu'tu es
Mon ABC

La petite fille d'Angon

La petite fille se baigne sur la plage d'Angon
Les yeux au loin plongés dans l'eau bleue du lagon
Le bout des pieds dans l'eau qui la glace jusqu'aux os
Quelques vagues la caressent de frissons dans le dos

La petite fille joue au cache-cache du soleil
Avec quelques nuages qui filtrent ses rayons
La petite fille communie de plaisir
La petite fille joue avec la nature

La petite fille sent comme la double caresse
D'une main qui étreint un amour de jeunesse
Il appuie sur ses lèvres un baiser de pucelle
L'enlace de ses bras l'amenant demoiselle

La petite fille joue au cache-cache de la vie
Dans les reflets du lac elle se blottit d'amour
La petite fille a le coeur béant
La petite fille aime à travers le temps

La petite fille rêve de devenir grand-mère
D'avoir la peau si douce sur les rives du temps
Elle égrène une à une ses années de jeunesse
Jetant en ricochets ses envies de princesse

La petite fille joue au cache-cache de l'ombre
Avec quelques nuages sur la surface de l'onde
La petite fille a l'esprit vaillant
La petite fille songe par tous les temps

La petite fille s'éloigne du rivage
Ne joue plus à cache-cache elle redevient trop sage

La Bizoune

Quand le soir me gagne
Quelque part sur le rivage
Quand le soleil vous couvre d'ombre
A la tombée des nuages

Quand seul à l'horizon
Le regard dans la vague
Qui plisse le sable de l'onde
A l'aube des mondes

Je bizoune, je bizoune
Le coeur dans mes rêves
Je bizoune, je bizoune
D'eau et de lumière

Quand au coin de ma vie
S'amassent les détours
Que la croisée de mes chemins
S'efface d'infini

Quand l'espace se plie
Quand le temps se réduit
Quand je perds ma déraison
A frôler la raison

Je bizoune, je bizoune
La main sur le coeur
Je bizoune, je bizoune
Des rêves tout en douceur

Quand demain se dessine
Dans l'instant trop rapide
Quand le futur m'emporte au vent
A vieillir trop vite

Quand je veille au passé
Sur mon grand lit de plumes
Quand je suis dépassé
Au fond de mes pensées

Je bizoune, je bizoune
La main dans mes rêves
Je bizoune, je bizoune
Le coeur dans la lumière

Bizouner: rêver pour revenir les pieds sur Terre

La larme de Dieu

Dieu remit son pinceau sur l'oreille
Son monde était achevé
Et pourtant il manquait l'évidence
La Corse à l'univers manquait

Dieu prit la couleur lumière des levants
Sur la palette ac-en-ciel
L'horizon rougeoyant des soleils
Vit naître alors l'aquarelle

Dieu mit en exil la liberté
Dans ce regard si perçant
Qu'il pourfend jusqu'au font la nuit noire
Vendetta yeux dans les yeux

Et puis Dieu comme les autres se tut
Ici le silence est coi
Et puis Dieu l'inscrivit sur les tables
Ici le silence est roi

Et Dieu fatigué se reposa
Sur cette île de beauté
Dieu ne s'est jamais réveillé
De la sieste a fait son éternité

Un grain de beauté
Sur une mer bleutée
Que Dieu a pleuré

Mon petit

Je te donne mes lunes
Pour veiller en silence
Sur ton sommeil mon ange
Que j'écoute dormir

Je te donne l'espace
Pour que ton coeur sans fin
Puisse jusqu'à l'infini
Dérouler son destin

Je te donne mes mondes
Pour vivre près de toi
Bien après que tes songes
N'aient rêvé à demain

Je te donne mes riens
Pour faire peau de chagrin
Et sécher dans mes mains
Les pleurs de tes amours

Je te donne ma voix
Pour fredonner au ciel
Comme une ritournelle
Que l'on siffle tout bas

Je te donne mon nom
Pour que Dieu se rappelle
Qu'il n'est pas seul sur Terre
A prénommer l'amour

Et quand je serai vieille
Et quand je serai laide
Je te donnerai encore
La force d'être à genoux

Le dictateur

L'homme parle au micro
L'homme parle bien trop fort
L'homme ment à tous ceux qui le croient

Il se persuade qu'il a raison
Il faut bien croire en quelqu'un
L'homme se croit, l'homme nous ment

Il ne trouve pas d'autres vérités
Que nous mentir pour exister
L'homme croit au mensonge

L'homme continue de parler
Il ne comprend pas que la vérité
C'est de se taire pour écouter

Alors un à un nous ne l'écoutons plus
Et perdons nous aussi notre vérité
Nous nous mettons tous à parler

La cacophonie fait foi
Des paroles, des mensonges se déclament
Plus de vérité qui se dégage

Les sourds se mettent à écouter
Les mots que les muets ne taisent plus
L'homme n'entend plus les mots qu'il ne prononce plus

L'homme est devenu aveugle
Aveugle d'un silence muet
L'homme est devenu sourd
Sourd de la vérité des mensonges

L'homme politique est devenu un dictateur

Octobre Rouge

Le vent tremble dans le feuillage
L'air respire les couleurs d'automne
La feuille morte ressuscite
Et colorie les couleurs du temps
Je pars au creux de la montagne
Ma palette tout au fond des yeux
Et je fixe octobre en rouge
Le temps des cerises revenu

Mon fils tu si loin de moi
Le vert le jaune octobre rouge
La lumière des ans nous sépare
Et j'ai le coeur qui saigne d'amour

Le chemin monte à souffle court
Vers les sommets des alentours
Le vertige des derniers beaux jours
Me tourbillonne les pensées
Les branches craquent sous mes pas
Sous l'odeur des terres encore chaudes
Et je fixe octobre en rouge
Le temps des cerises revenu

Mon fils tu es si près de moi
Le vert le jaune octobre rouge
La vitesse de l'éclair nous rassemble
Et j'ai le coeur qui crie d'amour

Lentement la montagne s'endort
Drapée de feuilles multicolores
Doucement elle berce en silence
Les derniers instants de nonchalance
Je lève les yeux vers novembre
Dans son manteau de flocons blancs
Et je fixe octobre en rouge
Le temps des cerises revenu

Mon fils peu importe de moi
Le vert le jaune octobre rouge
La nuit des temps nous attend
Et j'ai le coeur qui bat d'amour

L'arbre généalogique

Sous la terre natale des racines rampantes
Ont poussé nos aïeux aux barbiches tremblantes
Elles scellent nos destins dans l'histoire récente
Et portent nos matins vers des temps qui enchantent

Tout en bas fut le tronc qui se parait de noir
Couleur pélerine de grand-mère chaque soir
L'horizon s'embrumait du halo de l'espoir
Quand mère vint au monde belle à vous émouvoir

Vers un noeud dans le coeur grand-père s'est forgé
Une pipe en bois vert et l'écorce a fumé
La brume a balayé le ciel d'immensité
Quand père trouvé nu d'être ainsi nouveau né

Les branchages ont poussé offrant leurs silhouettes
Aux hôtes de la nuit qu'effraye la grande chouette
Les deux soeurs dans le nid ont grandi sous la couette
Où je les ai rejoints sur mes frêles gambettes

Très haut dans les ramages où brillait le soleil
Pousseront les bourgeons aux dix mille merveilles
Les enfants de bonheur riront ivres de sève
Et leurs cris de poupons feront chanter nos rêves

Demain s'étiolera l'arbre de notre vie
Rejoignant les étoiles là-haut dans l'infini
Nos destinées s'envolent arrosées d'une pluie
D'étoiles éternelles dont chaque branche luit.

Le piéton

Il traversait les passages cloutés
Il les traversait toute la journée
Pas d'identité pas de laissez-passer
Personne ne lui demandait ses papiers

Il saluait d'un signe de la main
Les anonymes perdus dans leurs regards
Il leur souriait même du clin des lèvres
Cherchant ainsi l'amitié des trottoirs

Il traversait les passages cloutés
En long en large arpentant son destin
Sa vie pleine de rencontres d'autres vies
Qui suivaient les leurs qui suivaient les leurres

Il traversait les passages cloutés
Libre entre les barreaux de bandes blanches
Il a fait tant de tour de tout le monde
Sans voyager plus loin que dans leurs yeux

Il traversait les passages cloutés
Un trop pressé de vivre l'a renversé
Sans voir sa main dans le rétroviseur
Qui le saluait une dernière fois

Il traversait les passages ailés
Libre tout là-haut sur les Champs Elysées
Les anges ne sont pas des gens zélés
Ils le saluent en le voyant passer.

Ma Savoie

Ce matin de printemps chantent les primevères
Les murs de mon chalet craquent à la Terre entière
Les sommets sont dressés et pavoisent au vent
Flottants tels des drapeaux sous un chant d'Allobroges

Je resterai sur l'aulp à veiller sur ma terre
Je prendrai le soleil pour chauffer ma misère
La Savoie dans mon coeur battra d'un rythme fou
Résonnant de l'écho des chants de mon pays

Ils iront au village en chapeau du dimanche
Dire oui à des gens qu'ils ne connaissent pas
Dire non quelquefois pour ceux qui croient encore
Que leurs avis importent dans la cour des miracles

Et puis dans les cafés parleront de l'histoire
Qu'avec leurs bulletins ils croient écrire la page
Trinqueront la roussette en parlant du pays
J'ai dit oui j'ai dit non je suis un alibi

Jamais une montagne n'a été annexée
Elle appartient à ceux qui veulent vivre en son sein
Je prépare les moissons pour mon grenier à foin
En respirant l'azur que colorent mes jours

C'est ici que je vis c'est là que je mourrai
Un jour d'avoir gravi trop de pentes enneigées
On couchera ma tombe juste sur la frontière
Une croix de Savoie en guise de bannière.

Refrain:

Je ne vote pas pour ma liberté
Je suis savoyard ici je suis né
Je vivrai toujours sans compter les jours
Le temps m'a promis de m'offrir l'amour

Chanson créée à l'occasion du cent cinquantième
anniversaire de la réunification de la France et de la Savoie.

La pièce de dix sous

J'ai mis dix sous dans mon porte-monnaie troué
J'ai pris la route qui mène à perpétuité
Sans remise de peine sans remise de peine

Avec le premier sou me suis payé un coup
Ma lippe ruisselante sur mon revers de manche
Pourboire à la lune pourboire à la lune

Avec le second me suis payé un sort
Qu'à tous les environs j'ai jeté sans remords
Amour pour toujours amour pour toujours

J'ai perdu le troisième de par mon bas de laine
Saint Esprit Trinité au paradis glissé
La pièce à Picsou la pièce à Picsou

J'ai glissé le suivant à un ami perdu
Pensant lui racheter mes erreurs du vécu
Ecu peine perdue écu peine perdue

J'ai joué le cinquième à la foire à un sou
Où jamais l'on ne gagne et d'où l'on ressort fou
J'ai perdu le nord j'ai perdu le nord

Avec le sixième sur le pas de la banque
Ils m'ont dévalisé sans jamais m'épargner
Pas vu l'intérêt pas vu l'intérêt

Le septième m'a offert longtemps les voies du ciel
J'ai rêvé de nuages aux pluies grises d'argent
Caresses de gouttes caresses de gouttes

Le huitième était faux pile a perdu la face
Dans le tronc l'ai glissé pour y sauver son âme
Dieu a rigolé Dieu a rigolé

Avec le neuvième j'ai acheté le livre
Dont les pages délébiles s'ouvrent à l'éternité
Ce fut fragile ce fut fragile

Avec mon dernier sou ma bourse ai recousu
Et puis l'ai refermé désormais inutile
En prison l'argent en prison l'argent

Avec rien de ce reste me suis offert mes rêves
Qui durent plus longtemps que richesses éphémères
Et partout se sèment et partout se sèment.

La vérité

Je me suis envoyé mes quatre vérités
Sur un bout de papier
Risquant de les aimer plus que ma vanité
Je les ai réfutées

La vérité se tait ou devient le mensonge
Le mensonge qui ronge
La vérité se trompe

J'ai voulu t'avouer toute la vérité
Mais ma langue a fourché
Risquant de trop parler je suis devenu muet
Pour ne pas l'oublier

La vérité se tait ou devient le mensonge
Le mensonge qui ronge
La vérité se trompe

J'ai voulu détenir toute la vérité
Dans mon puits bien caché
Risquant de m'y noyer je m'en suis abreuvé
Pour ne pas l'éventer

La vérité se tait ou devient le mensonge
La vérité qui ronge
La vérité se trompe

J'ai voulu dévoiler toute la vérité
Du fond de mes pensées
Risquant de vous blesser j'ai dû la rengainer
A vrai dire j'ai saigné

La vérité se tait ou devient le mensonge
La vérité qui ronge
La vérité se trompe

L'homme

J'ai décidé de croire en l'homme
Sans avoir été baptisé
C'est plus difficile qu'en Dieu
Lui bien sûr n'a qu'une parole

J'ai décidé de voir en l'homme
Du coin de l'oeil dans ma myopie
Les contours flous de sa pudeur
Que sa silhouette dessine

Il faut le voir pour le croire
Ce reflet d'homme dans mon miroir
Je le regarde et je me vois
Je suis si nombreux sur la Terre

J'ai décidé de rire de l'homme
Debout à terre ou bien blessé
Rire de lui c'est le guérir
Même si parfois ça lui fait mal

J'ai décidé de prendre l'homme
A bras le corps comme un noyé
Et de lui faire du bouche à bouche
Avec des paroles d'espoir

J'ai décidé de rêver d'homme
Si différent dans ses soupirs
Mais qui me ressemble après tout
C'est le jumeau de mes désirs

J'ai décidé d'emmener l'homme
Vers une sorte de destin
Qui ne pourrait rien décider
Et aurait comme nom personne

Il faut le voir pour le croire
Ce reflet d'homme dans mon miroir
Je le regarde et je me vois
Je suis si nombreux sur la Terre

L'ami car aime

Mon ami qui accourt
A la va comme-je-t'aime
Mon ami sans discours
Qu'un silence d'amour
Mon ami des beaux jours
Quand il pleut sur ma peine
Mon ami de toujours
Qui met à bas la haine
Une roue de secours
Boitant sur sa béquille
Mais qui vole vers moi
En balayant le temps

Tu me prends par les yeux
Où pétillent mes larmes
Tu me prends du regard
D'un coin de ton ciel bleu
Tu plisses des entrailles
Tout au creux de tes rides
Qui sur ton front dessinent
Des vagues de nous deux
Et ta voix qui murmure
Une seule syllabe
Une chanson à un ton
Sans tambour ni trompette

A l'écho de ma peine
Tu gémis comme tu m'aimes
La complainte des nuits
Quand je m'endors à peine
Et me plonges dans un bain
Aux mille onguents de rêves
Tu caresses ma peau
D'un parfum de pudeur
Et le souffle du vent
Balaye ma folie
Bon Dieu ça fait du bien
Que la vie est jolie

Reste encore près de moi
Une minute de silence
A la gloire de ma peau
Qui frissonne de joie
Ensuite c'est promis
Je meurs à petits feux
Pour qu'un jour bientôt
Tu reviennes au chevet
Alors comme Philotès
Raviveras la flamme
En bandant l'air carquois
Ton arc de triomphe

Le poète éconduit

Je suis venu knocquer à la porte ce soir
Car les poètes ne luisent pas dans le noir
Je suis venu gratter à l'huis ce soir
Comme un chat qui t'apporte chance et espoir

Je suis venu knocquer à la porte ce soir
Peut être te deviner dans le noir
Me souvenir enfin de ma mémoire
Le blé de tes cheveux bruissant dans mon regard

Je suis venu knocquer à ta porte ce soir
Tu ne m'ouvriras pas c'est trop tard
Le poète peut te dire au revoir
Ses paroles s'envolent au pays des bavards

Je suis venu knocquer à ta porte ce soir
La vie jamais ne nourrit e hasard
Les pieds sue le tapis je m'égare
Ma complainte n'a plus rien ni d'un chant ni d'un art

Je suis venu knocquer à ta porte ce soir
Je n'ai que le silence à offrir au heurtoir
La solitude qui tombe en brouillard
Le poète est muet et de chagrin il part

L'embarcadère

L'homme attend en silence assis au bord du temps
L'eau est de brume argentée sur le miroir du lac
L'homme attend la fin de l'hiver
Blotti au fond de son débarcadère

Un hiver dans la vie c'est court
Un hiver c'est un avant beaux jours
Il ne frissonne pas et reste comme prostré
A la faveur du froid qui gèle ses pensées

L'homme se chauffe en idées projets et souvenirs
Sa léthargie l'isole du vent et des grands froids
Les doigts endormis qui durcissent
Antennes sur le monde repliées

Dans son embarque hiver tout est repeint en vert
Il sent cette couleur à travers ses paupières
Il sent déjà l'éveil de Pâques
Offrir ses pâleurs à Noël

Son coma temporel brûle
Du feu de ses amours d'été
Sa mémoire assoupie de sourires résonne
Comme la caresse d'un doigt sur une joue d'automne

L'homme ferme les yeux sur le monde
Il a tant d'images dans sa tête
Quand il les ouvrira le bateau sera là
Accostant le printemps sur son embarcadère

La noctambule

Dans les rues de la ville l'ombre d'une silhouette
Qui éclaire la nuit au coin d'un réverbère
Elle se presse, elle se presse
Il se fait déjà tard dans sa vie de hasard
Elle ne peut s'arrêter de broyer tout ce noir

Elle rentre à petits pas elle rentre à reculons
Dos tourné au futur les yeux sur son passé
Elle se presse, elle se presse
Le vent gèle ses mains et transit sa mémoire
Et souffle en tourbillons qui la font trébucher

Elle agrippe le temps comme pour s'y accrocher
Elle se met à courir comme pour le rattraper
Elle se presse, elle se presse
En chemin elle se perd sur une place sombre
Elle tourne alors en rond le manège de sa vie

Elle agresse d'un cri le murmure de la nuit
Blessée elle égratigne la caresse de minuit
Elle se presse, elle se presse
Elle tombe au caniveau se meurtrit le cerveau
Et s'endort doucement gémissant sur le dos

Dans les rues de la ville le matin si tranquille
Dans l'aube de son corps a déposé demain
Elle vit enfin, elle vit enfin
Le visage serein tourné vers le soleil
Le sourire sur les lèvres noyant tous ses chagrins

La blouse blanche

Les couloirs de l'hôpital saignent de son sein blanc
Elle plonge les yeux dans l'entrebâillement
Des portes des chambres ouvertes
Sur les lits des patients qui dorment

Elle veille dans son habit de mariée de la science
Une blouse en dentelle et un sourire en soie
Elle panse de paroles et de caresses exquises
Les vieux et les enfants qui rient en la voyant

Les couloirs de l'hôpital font honneur à Dédale
Elle arpente de nuit ce grand labyrinthe
Sans une plainte sans un sanglot
Sans jamais sentir sa fatigue

Elle veille dans son habit de mariée de la science
Une blouse en dentelle et un sourire en soie
Elle panse de paroles et de caresses exquises
Les vieux et les enfants qui rient en la voyant

Les couloirs de l'hôpital transfusent tout son sang
Elle rosit de vapeurs et pâlit de sueur
On l'appelle elle vole au secours
D'un cri expiant vos malheurs

Elle veille dans son habit de mariée de la science
Une blouse en dentelle et un sourire en soie
Elle veille l'humanité et redonne couleurs
A nos pères à nos mères malades et blessés

Les couloirs de l'hôpital quelquefois la supplient
D'abréger la souffrance d'offrir délivrance
A ceux dont les yeux sont mi-clos
A celles qui sont déjà mortes

Elle veille dans son habit de mariée de la science
Une blouse en dentelle et un sourire en soie
Les habitants des chambres l'appellent Emilie
La petite infirmière qui garde mille lits.

Ma maison

C'est une maison de quatre murs
Comme les saisons
Elle est pétrie de tant de vie
Elle est criblée de tant de bruits

Ses os tremblent dans les couloirs
Quand les fantômes les traversent
Ses mains s'arcboutent aux rampes
Des escaliers qui grincent au vent

C'est ma maison et j'y habite
Son toit c'est ma vie
Elle m'arpente en long et en large
De la douleur de mes soupirs

Son teint blanc creuse les miroirs
De mes joues blêmes dans mes lorgnons
Elle brille à en faire pâlir
Le soleil sur ma peau ridée

C'est ma maison y suis né
Suis je né un jour
J'y mange j'y dors j'y pisse et puis
Lentement j'y attends la nuit

C'est la maison du père noël
Celle des hottes aux petits vieux
Celle où à l'heure des batailles
Je m'y suis fis battre en retraite

C'est ma maison y suis je mort
Suis je déjà mort
J'y mange j'y dors j'y pisse et puis
Viendras tu me voir, quelqu'un ?

Le vieux marin

Le vieux marin au gré du vent
Flotte de solitude
Il tisse du bout de ses rides
Un caban de toile blanc

Ses mains sèchent au gré du temps
Les sables des lagunes
Qui au matin sonnent le grain
Sur la corne de brume
Il tisse ses bouquets
De varech et de dunes
Il sculpte les rochers
De maréees et de lunes

Le vieux marin regarde au loin
De son coeur de baleine
Les yeux embués d'horizon
Et de larmes d'embruns
Quand la houle sifflait au vent
De jadis susurrant
Le chant de naguère et du temps
Le bonheur des haubans

Et à bord du sans mât
Cherchant Dame fortune
Il voyait l'avenir
Briller d'or sur la hune
Dans sa main il caresse d'algues
Les souvenirs du large
Lustre en goémon de rive
Ses cheveux de loup blanc

Depuis qu'en la baie de toujours
Il a jeté son ancre
Tous les naufrages de sa vie
Sont noyés en silence
Il tisse ses bouquets
De varech et de dunes
Il sculpte les rochers
De marées et de lunes.

L'enfant

Le vent lui passe la main en brise dans ses cheveux
Caresse son visage en lui soufflant un air heureux
L'enfant sourit de quelques dents
Qui tomberont dans quelques temps

Le soleil l'éclaire de son coucher dans les yeux
En semant sur sa peau ses graines de rousseur
L'enfant se joue de la lumière
Ses yeux brillent dans l'univers

L'eau qui s'écoule transforme l'enfant en gargouille
Les gouttes une à une rigolent sur sa bouille
L'enfant d'eau à la langue chargée
L'enfant d'eau dormira bientôt

La vie si belle lui fait cadeau de ses envies
Elle distille le bonheur dans son coeur de marmot
L'enfant s'en moque il rit
L'enfant est bien plus gai
Que la vie

Le marchand de temps

Ruelle de ma mémoire qu'éclairent mes souvenirs
Je t'arpente ce soir rassemblant mes idées
Ruelle des au revoir et des adieux d'hier
Il me faut oublier les vestiges du passé

La maison du marchand de temps soudain se presse
Une horloge sonnant de ses fuseaux horaires
La maison du marchand de temps est pile à l'heure
Je viens pour me laver de tous ces sales quarts d'heure

L'homme du futur est derrière son comptoir
La montre du destin blottie au creux des mains
Il relance sans fin des doigts le remontoir
Je m'avance vers lui attiré d'infini

Mes souvenirs affluent surgissant du passé
Il les trie un à un en lisant dans mes yeux
Il jette les plus futiles dans le puits de l'oubli
Recouvre les plus fragiles d'un voile de nostalgie

Mon enfance s'est vidée je ne me souviens plus
Tous mes amours enfuis par le fil des étés
Les fausses amitiés s'estompent oubliées
Mon cerveau embrumé s'arrête de penser

L'homme a tout englouti dans un grand sablier
Qu'il retourne d'un coup
Qu'il me donne en retour pour égrainer ma vie
De semences nouvelles

Avec les grandes aiguilles des lendemains
Je me tricote une paire de fuseaux heureux
Un bonheur à l'endroit une seconde à l'envers
Je tisse les beaux jours sans regarder derrière

La vie

Ils étaient deux hommes pour une seule vie
L'un droitier et l'autre gaucher
Un menteur et un épris de vérité
L'un d'un beau sexe mâle
L'autre de rondeurs pâles au toucher

Deux hommes pour deux âmes
L'un qui pensait fort
L'autre qui rêvait de lune

Quand d'un oeil il pleurait
L'autre de rire l'accompagnait

Un jour on leur coupa la langue
Alors ils se mirent à écouter
D'une oreille attentive
Et de l'autre distraite

Une autre fois on leur fendit le coeur
L'un fut d'amour brisé
Mais l'autre le consola

Finalement ils étaient heureux
Une petite vie pour deux
Dans ce même petit corps

Mais les corps sont mortels
L'un des deux est parti
Un jour d'avoir trop vécu
Et l'autre seul continue
Seul dans sa seule vie.

La femme légère

Elle était nue dans les silences
Que ma voix criait à genoux
Vêtue de la pudeur d'un ange
Dont mes yeux caressait la joue

Elle enfila son bas de soie
De la couleur des mystères
Elle le fit glisser d'un seul doigt
En haut de sa cuisse légère

Elle fit briller comme une lune
La pâleur douce du satin
Sur la colline des désirs
Y a caché tous mes chagrins

Elle couvrit son sein de dentelle
Invitant Dieu à son balcon
Elle ouvrit l'horizon du ciel
A la folie de ma raison

Elle enfila sa jupe blanche
En un petit tour de manège
Elle tournoyait c'était étrange
Comme un joyeux flocon de neige

Quand elle se fut toute habillée
Il a plané comme un mystère
Elle a vécu d'éternité
L'ombre de la femme légère

Elle est sortie de l'horizon
Mon coeur l'a suivi du regard
Habillée de ma déraison
S'en est drappée dans le brouillard.

Le paysan

Aux quatre temps du labeur
L'homme caressait son cheval de labour
Le soc lapidant les cailloux de calcaire
Il poussait la charrue vers le couchant

Aux quatre temps du semoir
L'homme engrossait la terre à la volée
En boisseaux de semences aux fertiles amandes
Il arpentait la boue de mille lieues

Aux quatre temps de la faux
L'homme de paille usait la corne de sa main
D'une coudée franche sous la chaleur du champ
Il happait le brin aux grains de blés murs

Aux quatre temps de la récolte
L'homme a rempli son silo de poussière
Par l'entonnoir du sablier des hivers
Il humait l'odeur blonde et farineuse

Aux quatre temps de l'infini
L'homme regarda l'étendue de son champ
Son âme sereine bousculant l'horizon
Il invita le ciel à manger un quignon.

L'année bissextile

J'ai croisé Dieu ce matin à l'aube
C'était dimanche et son jour de repos
Lui, un jour de repos
Qui n'avait travaillé que six jours
Dans son éternité ?
Il m'a dit
Que fais tu là petit bonhomme
Toi qui devrais te reposer
Je n'étais qu'un simple créateur
Pour moi sept jours c'était beaucoup trop court
Une idée chaque jour
Et le dimanche à ne rien penser
Des heures à s'ennuyer
Je lui ai demandé posément
Quelques jours et nuits en supplément
Semaine des quatre jeudi
Pour me faire gambader l'esprit
Il a semblé surpris
Il m'a dit
Que fais tu là petit bonhomme
Qui perd son temps et qui m'assomme?
J'ai demandé au Grand Créateur
D'allonger ses journées de sept heures
Pour écrire des pages
Et remplir le livre du destin
De lignes de ma main
Il m'a dit
Que fais tu là petit bonhomme
Qui gâche le temps que je te donne
Il m'a dit regarde le soleil
C'est la terre en tournant qui crée le temps
Je te rajoute un jour
A ton monde qui tourne tous les quatre ans
Pour écrire la chanson de ta vie
La chanson bissextile
Il est parti
Je suis resté petit bonhomme
C'était le vingt-neuf février.

Le cri-cri

Du bout de ton plumet tu dessines un soleil
Les bulles de nuages aux couleurs arc-en-ciel
A nous les prisonniers rêvant de s'évader
Tu sifflotes ton chant par dessus les étés

Je t'ai écris mon oiseau lire
Pour que tu puisses me chanter
Les paroles de liberté
Que de tes ailes tu as volées

Dans le creux de ton nid tu blottis sous ta plume
Les coeurs glacés du monde qui de malheurs s'embrument
Et tu couves d'un rien et tu couves d'un sein
Ce lendemain tout rond qui éclot dans mes mains

Je t'ai écris mon oiseau lire
Pour que tu puisses me chanter
Les paroles de liberté
Que de tes ailes tu as volées

Perché serin sur l'arbre de la vérité
Tu fais planer en moi l'amour et la gaieté
Puis tu t'envoles au loin me laissant comme un homme
Prisonnier de la Terre et de tous mes fantômes

Je t'écrirai mon oiseau lire
Pour que tu puisses me revenir
Et m'apprendre un jour à voler
Vers l'horizon de liberté.

Le temps est mort

J'ai regardé mourir le temps
Sans rien dire sans rien faire
Il avait marre de nos vingt ans
Il a couru devant
Par peur d'être en retard sur son temps
Il a avancé en reculant
Il s'est pris les secondes
Dans son compte à rebours
J'ai regardé mourir le temps
Sans rien dire sans rien faire
Je l'ai poussé tout droit en enfer
C'est ça tuer le temps
J'ai pris perpette pour cette folie
Pour de crime à contre temps
Et le présent a perdu
Tous ses instants ses maintenant
J'ai regardé mourir le temps
Sans rien dire sans rien faire
J'ai oublié tout mon passé
Souvenirs envolés
Je flotte dans l'oubli du temps
Dont l'amnésie est éternelle
Et plus rien ne me presse
Surtout pas mon destin
J'ai regardé mourir le temps
Sans rien dire sans rien faire
Il est devenu un fantôme
Qui erre à travers les âges
Le temps est devenu un hasard
Qui nous a laissé notre chance
D'être à jamais des hydres
Juste un fossile de vent.

Elle

Elle dormait nue dans l'herbe fraiche
Verdissant l'aube de ses seins
Elle pointait un téton en l'air
Aréolé de mes vingt ans

D'un doigt je lui ai fait causette
Elle répondit en souriant
Le vent lui fit une caresse
Dans la vallée de son séant

Je respirais dans ses cheveux
La folle gerbe des blés blonds
Je capturais les nuits du ciel
Qui brillaient au fond de ses yeux

Elle dormait nue dans les printemps
Qui font d'une fille une vierge
Elle respirait les lendemains
Qui font de la femme une mère

J'ai tant pleuré d'amour pour elle
Que mon chagrin m'a consolé
J'avais rêvé tant de merveilles
Elle était là toute éveillée

Je tenais là l'éternité
Au creux de son sommeil d'été
Dessus mon coeur je l'ai posée
Sur notre amour l'ai refermée

Elle dormait par delà le temps
Comme une belle de vingt ans
Sa chasteté aux quatre vents
S'est envolée tout doucement

Berceuse à l'enfant sourd

Des je t'aime en galoche
Sur ton menton de Gavroche
Chatouillent tes fossettes
Quand tu me fais risette
Et tes yeux d'écureuil
Croquent en me regardant
La noisette de mon coeur
Que je t'offre en douceur

Et je chante pour toi
La berceuse muette
Que tes yeux sur mes lèvres
Déchiffrent en silence
J'ai parfumé ma voix
En onguents de sourire
Pour qu'ainsi tu respires
Le soupir d'un baiser

Et je lis dans tes yeux
Ce rythme qui m'entraine
Qu'égosille le temps
Sur la douce fredaine
Je te verse une larme
Pour tuer le silence
Qui frappe à tes oreilles
Tandis que ton coeur danse

Et je chante tout bas
Pour ne pas réveiller
Le cri qui dort en toi
Et que tu n'entends pas
Je mime de la main
La caresse du vent
Que tu entends souffler
Quand j'ondule des doigts

Puis la nuit est tombée
Sur tes paupières lourdes
Ainsi tu m'as quitté
Pour partir outre monde
Où les rêves de plumes
T'offrent multicolores
Un univers tranquille
Où tu es roi du monde

Alors je t'ai bordé
D'une larme et d'un cil
Comme on borde le monde
D'un horizon d'amour
Au fond de ton silence
Je t'ai vu t'endormir
Et prendre le sommeil
En écho de ta voix.